In neuer Rechtschreibung
Gedruckt auf chlorfrei gebleichtem Papier

© 2007 KIDDINX Studios
Redaktion: Susanne Stephan
Lizenz durch KIDDINX Merchandising GmbH
Winterhuder Weg 29, D-22085 Hamburg
www.bibiblocksberg.de

© 2007 Nelson Verlag GmbH & Co. KG, Stuttgart
Alle Rechte vorbehalten.

Geschichten: Vincent Andreas
Illustrationen: Comicon
Grafik: art-design Wolfrath

ISBN 10: 3-86606-414-4
ISBN 13: 978-3-86606-414-0
Printed in Germany

www.nelson-verlag.de

Vincent Andreas

Hexerei in Neustadt

mit Bildern von Comicon

Inhalt

Der verwirrte Bürgermeister　　8

Verhextes Kino　　16

Die doppelte Karla　　26

Leselotse Rätsel　　34

Der verwirrte Bürgermeister

„Juchhu! Bald sind wir da, Marita!"
Die kleine Hexe Bibi Blocksberg saust auf Kartoffelbrei hoch in der Luft über die Häuser von Neustadt. Mit auf dem Besen sitzt ihre Schulfreundin Marita.
„Weißt du, was ich zuerst mache, Bibi? Ich springe gleich vom Dreimeterbrett!"
Beide freuen sich schon auf das kühle Wasser im Freibad. Bei diesem heißen Wetter ist Baden das einzig Wahre!
Doch als sie sich dem Freibad nähern, sehen sie schon von Weitem, dass der Sprungturm gesperrt ist. Und nicht nur der! Auch vor der großen Wasserrutsche hängt ein Absperrseil. Das müssen sie sich gleich ansehen!
Bibi hält mit ihrem Besen direkt vor der Treppe des Sprungturms. An dem Absperrseil hängt ein großes Schild.

„Gesperrt auf Anweisung des Bürgermeisters", liest Bibi.
„Was? Wieso?", ruft Marita entsetzt.
„Das werden wir gleich wissen", sagt Bibi. „Wir fliegen zum Bürgermeister."

Wenig später kommen sie am Rathaus an. Bibi sieht, dass das Fenster zum Zimmer des Bürgermeisters offen steht, und fliegt einfach hinein. Der Bürgermeister trinkt gerade Kaffee und verschluckt sich vor Schreck. „Unverschämtheit, Bibi Blocksberg!", schimpft er hustend. Sein Sekretär Pichler klopft ihm den Rücken.

„Wir protestieren!", rufen die beiden Mädchen. „Sie können doch nicht einfach den Sprungturm und die Rutsche im Freibad sperren!"

„Natürlich kann ich das!", entgegnet der Bürgermeister überheblich. „Im Schwimmbad ist es nämlich zu laut. Und auf der Rutsche und dem Sprungturm machen die Kinder immer ganz besonders viel Lärm!"

„Aber Bürgermeister-Chef, ein Freibad ohne Sprungturm und Rutsche …", will Pichler den Mädchen helfen.

Doch der Bürgermeister hält an seiner Entscheidung fest und bleibt unerbittlich. „Keine Diskussion!", ruft er. „Und jetzt raus mit dem Junggemüse!"

Junggemüse?! Da werden Bibi und Marita richtig wütend. „Na warte", sagt Bibi und hext: „Eene meene schneller Pfeil, sag immer nur das Gegenteil! Hex-hex!"

Die Wirkung tritt sofort ein. Anstatt die Mädchen hinauszuwerfen, bittet er sie plötzlich: „Wenn die jungen Damen vielleicht Platz nehmen möchten?" Marita schaut Bibi verdutzt an. „Und es wäre mir eine Ehre", fügt der Bürgermeister hinzu, „wenn ihr die Zeit fändet, gleich bei der Pressekonferenz dabei zu sein."
Er bemerkt, was er da sagt, und schüttelt fassungslos über seine eigenen Worte den Kopf. „Pichler", wendet er sich

Hilfe suchend an seinen Sekretär. Doch der freut sich insgeheim und zwinkert Bibi und Marita unauffällig zu.
Da treffen schon die Reporter ein. Auch Karla Kolumna ist dabei. Sie staunt nicht schlecht, als sie hört, was der Bürgermeister verkündet.
Es ist genau das Gegenteil

von dem, was er eigentlich sagen will: „Und so werde ich zum Wohle der Neustädter im Freibad eine ganz besonders tolle Rutsche bauen lassen!" Er stutzt. „Pichler!", zischt er seinem Sekretär dann noch einmal irritiert zu. „Warum rede ich so ein dummes Zeug?"
„Das ist doch gar nicht dumm, Bürgermeister-Chef", sagt Pichler und kann sich ein Grinsen nicht verkneifen. Bevor der Bürgermeister sich weiter wundern kann, erntet er schon den tosenden Beifall der Reporter. „Bravo, Bürgermeisterchen!", ruft Karla Kolumna.

„Ich glaube", flüstert Bibi Marita lachend zu, „jetzt kann ich den Hexspruch rückgängig machen." Sie hext: „Eene meene nicht verschoben, der Hexspruch ist jetzt aufgehoben! Hex-hex!"
Und siehe da! Durch den heftigen Applaus animiert ist der Bürgermeister auch jetzt noch Feuer und Flamme für
seinen neuen Plan. „Wir werden eine Touristenattraktion aus dem Bad machen!", verkündet er. „Ein wahres Kinderparadies!"
Und während er mit stolzgeschwellter Brust auf diese Weise fortfährt, schleichen sich Bibi und Marita aus dem Rathaus. Sie steigen auf Kartoffelbrei und sausen zurück zum Schwimmbad.
Blitzschnell haben sie sich ihre Badesachen angezogen.
„Ab sofort sind der Sprungturm und die Rutsche wieder geöffnet – Anordnung des

Bürgermeisters!", erklärt Bibi und entfernt das Absperrseil. Da jubeln die anderen Kinder im Freibad: „Bravo, Bibi! Toll gemacht!"

„Jetzt kann der Badespaß losgehen!", rufen Bibi und Marita vergnügt. Sie stürmen die Treppe zum Dreimeterbrett hinauf und stürzen sich in das kühle Nass.
„Juchhuuu!"

Verhextes Kino

Golden scheint die Sonne auf den Teich im Garten der Prinzessin Dalaja. Die Geigen schluchzen. Zuckersüß rieseln Rosenblätter vom Himmel herab. „Oh, du mein geliebter Manindra", seufzt Dalaja. „Wenn sie noch einmal ‚Oh, du mein geliebter Manindra' sagt, schreie ich!", schimpft Bibi.
Es ist ein verregneter Nachmittag, und Bibi ist mit ihrer Freundin Moni ins Kino gegangen. Der Film „Das Feuer von Indien" versprach spannend zu werden, aber jetzt passiert seit über einer halben Stunde nichts anderes, als dass die Prinzessin und der Prinz sich anhimmeln. „Pass auf", flüstert Moni Bibi zu, „jetzt ist der Prinz wieder dran!"
Und wirklich. Der Prinz seufzt tief, sieht die Prinzessin schmachtend mit seinen

rehbraunen Augen an und säuselt: „Oh, du meine geliebte Dalaja."
„Jetzt reicht es!", zischt Bibi.
Entschlossen will sie ein bisschen Pep in den Film hexen. Sie streckt die Arme aus und flüstert: „Eene meene weißes Feuer, spannend wird das Abenteuer! Hex-hex!"

Doch was ist das? Auf einmal ist das Kino mitsamt seinen Zuschauern verschwunden. Verdutzt schauen Bibi und Moni sich um. Sie tragen wallende indische Gewänder und stehen an dem Teich, an dem eben noch Prinzessin Dalaja und Prinz Manindra gesessen haben.

„Auweia, ich glaub, wir sind im Film gelandet!", meint Bibi. „Hex uns zurück, Bibi, schnell!", ruft Moni ängstlich.
Auch Bibi ist nicht ganz wohl bei der Sache. „Na schön", sagt sie. „Eene meene kurzes Glück, bring ins Kino uns zurück! Hex-hex!"
Aber seltsam – nichts passiert! „Hm, ich fürchte, das Zurückhexen klappt erst, wenn wir den ganzen Film durchlebt haben", rätselt Bibi.
Weiter kommt sie mit ihren Überlegungen nicht, denn da erschallt die Stimme eines Palastwächters: „Alarm! Maharadscha Kavi greift den Palast an!"
Schon ist das Tröten unzähliger Elefanten vor den Mauern zu hören. Prinzessin Dalaja kommt in wilder Angst in den Garten gelaufen. „Oh weh!", ruft sie. „Der böse Kavi will mich entführen! Ach, wäre doch mein geliebter Manindra hier!"

Bibi und Moni sehen sich an. Dalaja soll entführt werden? Das darf nicht passieren! Die beiden Mädchen laufen eine Treppe an der Palastmauer hinauf. Sie spähen über die Zinnen und entdecken tief unter sich das Heer des Maharadschas Kavi mit 30 Pferden und mindestens ebenso vielen Elefanten!

Da hat Bibi eine Idee, wie sie Prinzessin Dalaja zur Flucht verhelfen kann. Sie hext: „Eene meene Ziegenhirt, die Soldaten sind verwirrt! Hex-hex!"

Augenblicklich verstummt der Lärm.

„Schnell, Dalaja!", ruft Bibi. „Du musst fliehen!"

„Aber Kavi wird mich verfolgen", klagt die Prinzessin.

„Das werden wir verhindern", verspricht Bibi.

Dalaja steigt auf ihren Lieblingselefanten und reitet zum Palasttor hinaus.

Bibis Hexspruch hat gewirkt. Die Belagerer sind tatsächlich so verwirrt, dass sie sich vor Dalaja verneigen und sie ungehindert vorbeireiten lassen. Der Maharadscha wünscht der Prinzessin sogar noch eine gute Reise und denkt gar nicht mehr an Entführung.
„Schnell, Moni, der Hexspruch wirkt nicht lange", sagt Bibi. „Wir müssen Dalajas Feinde überlisten."

Bereits nach kurzer Zeit wachen die Belagerer wieder aus ihrer Verwirrung auf. „Stürmt den Palast!", befiehlt Maharadscha Kavi mit fester Stimme. Etwas verwundert blicken die Männer auf das offene Tor des Palastes. Doch wer läuft da drüben die Treppe zu den Kellergewölben hinab? Das ist Prinzessin Dalaja!

„Verfolgt sie!", ruft Maharadscha Kavi seinen Männern zu.

Doch es ist nicht Dalaja, der die Verfolger in das Gewölbe nachlaufen, sondern – Moni. Sie ist in die Kleider der Prinzessin geschlüpft, um die Soldaten zu täuschen. Als alle Männer des Maharadschas der vermeintlichen Prinzessin in den Keller gefolgt sind, lässt Bibi die Falle zu-schnappen: „Eene meene unverdrossen, Kellertüren, seid verschlossen. Eene meene Schuppentier, Moni steht sofort

vor mir! Und jetzt für beides ein Hex-hex!"
Unter schwirrenden Hexsternchen taucht Moni vor Bibi auf dem Hof auf, und aus dem Keller ist das Schimpfen der Belagerer zu hören.
„Es hat geklappt!", jubelt Moni und umarmt Bibi.
Auf einmal verändert sich erneut die Umgebung. Bibi und Moni stehen noch immer auf dem Hof des Palastes.

Doch alles ist jetzt festlich geschmückt
und voller fröhlicher Menschen.
„Ein Hoch auf das Paar!", ruft die Menge.
„Ich glaube, das ist jetzt das Hochzeitsfest
von Dalaja und Manindra!", meint Bibi.
Der Prinz und die Prinzessin bahnen sich
zu ihnen den Weg durch die Menge.
„Vielen Dank, ihr zwei!", sagen sie und
schütteln Bibi und Moni die Hände.

Jubelnd lassen die Hochzeitsgäste die Mädchen hochleben.
Plötzlich schwirren Hexsternchen um Bibi und Moni. Der Palast ist verschwunden, und die beiden finden sich auf ihren Kinositzen wieder. Das Wort „Ende" steht groß auf der Leinwand. Der Film ist vorbei, und der Abspann beginnt.
„Komm, Moni", flüstert Bibi, „schnell raus, bevor uns jemand erkennt!"
„Ach ja", sagt Moni kichernd. „Wir sind schließlich die Heldinnen des Films!"
Schnell schlüpfen beide aus dem Kino, kurz bevor im Saal das Licht angeht.
„Na?", fragt Bibi. „Wie hat dir der Film gefallen?"
Moni strahlt über das ganze Gesicht.
„Super, Bibi! Einfach klasse!"
Beide Mädchen sind sich einig: Das war das aufregendste Kino-Abenteuer, das sie je erlebt haben!

Die doppelte Karla

Als Bibi aus der Schule kommt, hört sie das vertraute Knattern eines Motorrollers. „Hallihallohallöchen!", ruft Karla Kolumna Bibi zu. Wie immer ist Frau Kolumna im Stress. „Hach, Bibilein", klagt sie, „ich weiß gar nicht, wo mir der Kopf steht!" Sie erzählt Bibi, dass sie längst bei einem Interview sein müsste, und in einer Viertelstunde hat sie schon den nächsten Termin.
„Wie soll ich das bloß schaffen? Ich kann mich doch nicht teilen!", seufzt sie.
Doch Bibi hat eine prima Idee. „Moment", ruft sie und hext: „Eene meene nicht gemoppelt, Frau Kolumna ist jetzt doppelt! Hex-hex!" Es macht „Plingpling", und schon stehen zwei Karlas vor Bibi.
„Ich bin doppelt? Na so was!", staunt die eine Karla.

„Na so was! Ich bin doppelt!", staunt die andere. Und beide rufen zugleich: „Nun fall mir doch nicht ins Wort, Karlachen!"
„Da gibt es noch ein Problemchen", sagt die eine.
„Ein Problemchen gibt es noch", sagt die andere.
„Nämlich?", fragt Bibi, und beide Karlas rufen gleichzeitig: „Wir haben nur ein Rollerchen."

Kurzerhand hext Bibi Karlas Roller doppelt. „Fantastisch, Bibilein!", lobt die eine Karla, und die andere: „Bibilein, fantastisch!" Nachdem sich beide Karlas geeinigt haben, wer zu welchem Termin fährt, brausen sie mit einem doppelten „Tschüsselchen!" davon.

„Sie müssen sich beeilen!", ruft Bibi ihnen hinterher. „Der Hexspruch hält nicht lange!" Dann macht sie sich erst mal auf den Heimweg. Doch kaum ist sie losgeflogen, hört sie schon wildes Gehupe. Auweia,

da unten gibt es einen riesigen Stau! Und mittendrin die Karla Kolumnas!
„Ich sehe alles doppelt!", ruft ein Autofahrer. „Nein, nicht alles", sagt ein anderer. „Nur Karla Kolumna!" – „Aber es sind doch auch zwei", ruft ein dritter. „Bibilein!", rufen beide Karlas verzweifelt, als Bibi neben ihnen landet. „So kommen wir nie zu unseren Terminen."
Da hilft wieder nur Hexerei. „Eene meene Honigbienen, Karlas schnell zu den Terminen! Hex-hex!"

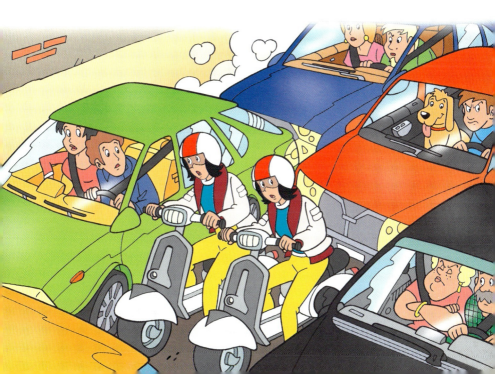

Nach dem Hex-Plingpling sind beide
Karlas verschwunden, doch die Autofahrer
sind noch ganz aufgeregt. „Wenn ich es
doch sage", ereifert sich ein Autofahrer,
„eben waren sie noch da!" – „Sie
brauchen wohl eine stärkere Brille!",
erwidert ein anderer. „Nein", ruft ein
dritter, „ich habe sie auch gesehen. Es
waren zwei!" Bibi muss noch einmal
hexen. Hoffentlich reicht ihre Hexenkraft
noch. „Eene meene nicht vermessen, der
Vorfall ist sofort vergessen! Hex-hex!"
Es klappt! Die Autofahrer sind noch ein
bisschen irritiert. Doch da sie nicht mehr
wissen, weshalb sie angehalten haben,
fahren sie schließlich einfach weiter.
Bibi atmet auf. Jetzt kann sie endlich
nach Hause fliegen!
Etwas später sitzt Bibi mit ihrer Mutter
bei einer Tasse Kakao am Küchentisch.
Barbara ist so in ein neues Rezept für

ihr Hexenkochbuch-Manuskript vertieft, dass sie das doppelte Knattern auf der Straße nicht hört.

„Ich gehe ein bisschen raus, Mami", sagt Bibi schnell und läuft hinaus. Besser, ihre Mutter bekommt nichts von der doppelten Karla mit. Sie mag solche Verwirrung stiftenden Hexereien nämlich nicht.

„Hat alles bestens geklappt, Bibilein!", rufen da schon von links und rechts die beiden Karlas.

„Das war sensa… sensa…" Plötzlich geraten beide Karlas ins Stammeln. „Sensationell" wollen sie eigentlich sagen, doch da beginnen Hexsternchen um sie und die beiden Roller zu kreisen. Aus zwei Karlas wird wieder eine, und ebenso geschieht es mit den Rollern.
„Oh, mir ist so schwindelig", stöhnt die Reporterin und lässt sich auf den Sitz ihres Rollers plumpsen. „Ich habe das Gefühl, als hätte ich zwei Jobs auf einmal erledigt." – „Aber das haben Sie doch auch, Frau Kolumna", sagt Bibi.
Auf einmal ertönt Barbaras verwunderte Stimme vom Gartentor. „Haltet mich nicht für verrückt!", ruft Bibis Mutter. „Aber ich dachte eben, ich hätte zwei Karla Kolumnas gesehen."
„Ähm … zwei Karla Kolumnas?", sagt Bibi unschuldig. „Das … kann ja gar nicht sein! Nicht wahr, Frau Kolumna?"

„Wie?", fragt die Reporterin. „Nein, nein, Frau Blocksberg, da müssen Sie sich getäuscht haben."
Bibi und Karla sehen sich an. Beide können sich ein Grinsen nicht verkneifen.
„Eine doppelte Karla", sagt Karla Kolumna schließlich lachend, „das wäre ja wirklich sensationell!"

Leselotse Rätsel

Ach herrje, was hat Bibi denn hier angestellt? Man kann ja gar nichts mehr lesen! Ein Tipp: Hexe dir die Lesbarkeit der Sprüche wieder mithilfe eines Spiegels zurück. Nach jedem gelesenen Satz darfst du dich mit einem tollen Bibi-Aufkleber belohnen.

„Eene meene schneller Pfeil,
sag immer nur das Gegenteil!
Hex-hex!"

„Eene meene nicht verschoben,
der Hexspruch ist jetzt aufgehoben!
Hex-hex!"

„Eene meene weißes Feuer,
spannend wird das Abenteuer!
Hex-hex!"

„Eene meene kurzes Glück,
bring ins Kino uns zurück!
Hex-hex!"

„Eene meene Ziegenhirt,
die Soldaten sind verwirrt!
Hex-hex!"

„Eene meene
nicht gemoppelt,
Frau Kolumna ist
jetzt doppelt!
Hex-hex!"

Das komplette Leselotse Programm:

1. Lesestufe für erstes Lesen ab der 1. Klasse

ISBN 3-86606-292-3   ISBN 3-86606-294-X   ISBN 3-86606-293-1   ISBN 3-86606-295-8

ISBN 3-86606-373-3   ISBN 3-86606-371-7   ISBN 3-86606-411-X

2. Lesestufe für geübtes Lesen ab der 2. Klasse

ISBN 3-86606-299-0   ISBN 3-86606-297-4   ISBN 3-86606-296-6   ISBN 3-86606-298-2

ISBN 3-86606-372-5   ISBN 3-86606-370-9   ISBN 3-86606-412-8

3. Lesestufe für fortgeschrittenes Lesen ab der 3. Klasse

ISBN 3-86606-301-6

ISBN 3-86606-300-8

ISBN 3-86606-374-1

ISBN 3-86606-375-X

ISBN 3-86606-413-6

ISBN 3-86606-414-4

ISBN 3-86606-376-8

ISBN 3-86606-377-6

ISBN 3-86606-415-2

ISBN 3-86606-303-2

ISBN 3-86606-302-4

Lesen macht Laune!

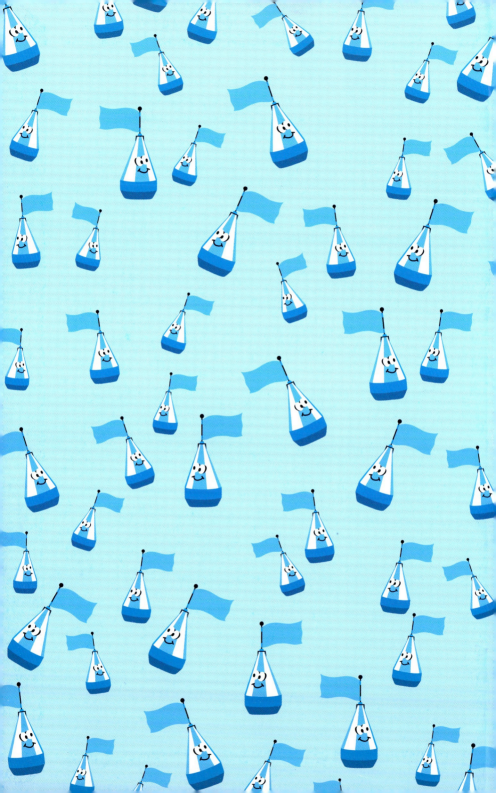